AF194741

Impressum
Verlag: BABADADA GmbH, Nedderfeld 112 , 22529 Hamburg
Geschäftsführer / Verlagsleitung: Harald Hof
Druck: Books on Demand GmbH, In de Tarpen 42, 22848 Norderstedt

Imprint
Publisher: BABADADA GmbH, Nedderfeld 112 , 22529 Hamburg, Germany
Managing Director / Publishing direction: Harald Hof
Print: Books on Demand GmbH, In de Tarpen 42, 22848 Norderstedt

# school

# sekolahan

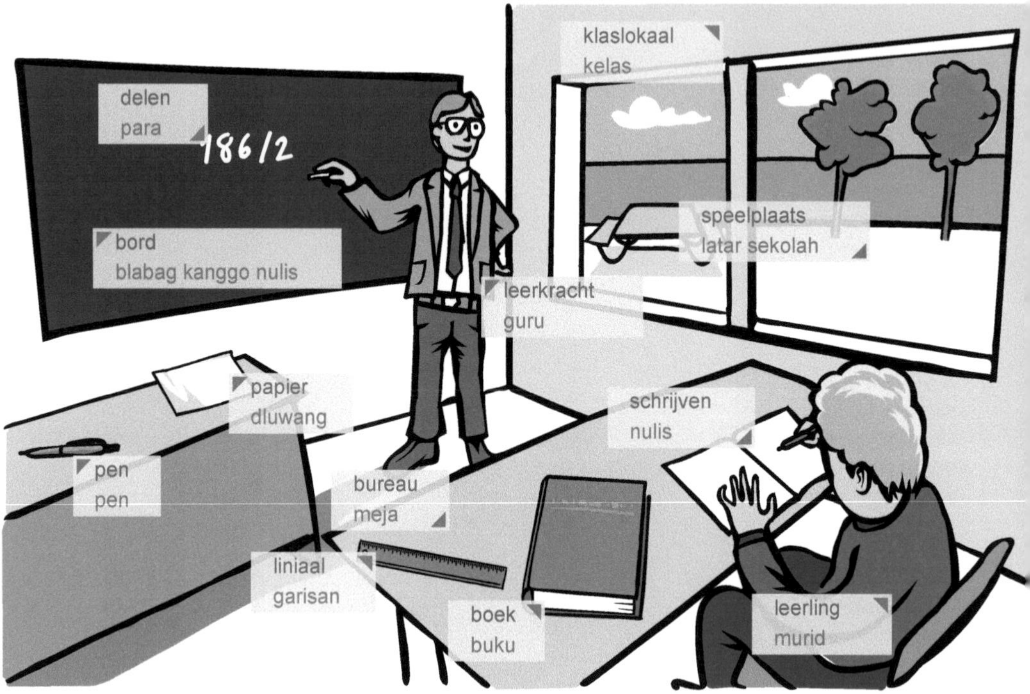
klaslokaal
kelas
delen
para
186/2
bord
blabag kanggo nulis
speelplaats
latar sekolah
leerkracht
guru
papier
dluwang
schrijven
nulis
pen
pen
bureau
meja
liniaal
garisan
boek
buku
leerling
murid

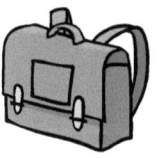

schooltas

tas sekolah

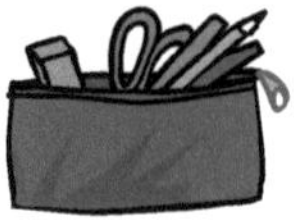

pennenzak

tepak potlot

potlood

potlot

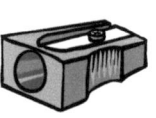

puntenslijper

orotan potlot

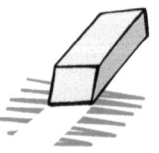

gom

setip

tekenblok

lemek nggambar

tekening

gambar

verfborstel

kuwas

verfdoos

tepak cat nggambar

schaar

gunting

lijm

lem

werkboek

buku latihan soal

huiswerk

pakaryan omah

nummer

angka

optellen

tambah

aftrekken

suda

vermenigvuldigen

ping

rekenen

itung

letter

aksara

alfabet

abjad

woord

tembung

tekst

teks

Lezen

maca

krijt

kapur

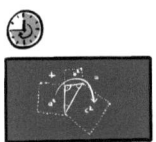

les

wulangan

klassenboek

dhaptar

examen

ujian

certificaat

sertipikat

schooluniform

sragam sekolah

onderwijs

pendhidhikan

encyclopedie

ensiklopedia

universiteit

universitas

microscoop

mikroskop

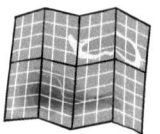

kaart

peta

papiermand

kranjang larahan

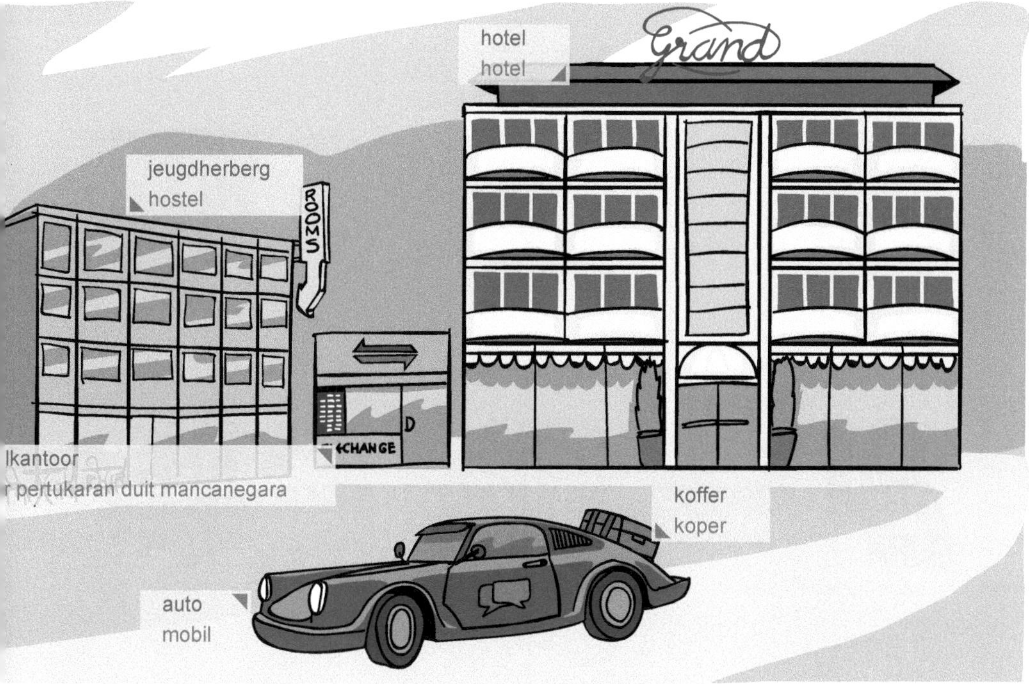

hotel
hotel
jeugdherberg
hostel
ROOMS
Grand
EXCHANGE
lkantoor
r pertukaran duit mancanegara
koffer
koper
auto
mobil

Taal

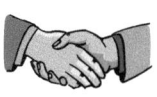

basa

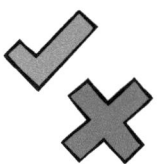

ja / nee

iya / ora

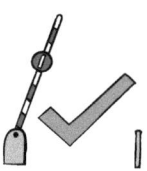

oké

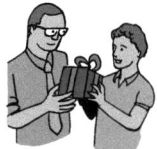

oke

hallo

halo

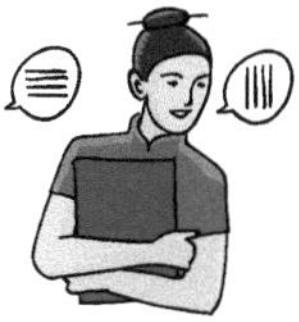

vertaler

juru basa

bedankt

matur nuwun

Hoeveel kost ...?

Piro regane ...?

Ik begrijp het niet

aku ora ngerti

probleem

masalah

Goedenavond!

Sugeng dalu!

Goedemorgen!

Sugeng enjang

Goedenavond!

Sugeng dalu!

Tot ziens

pareng

richting

arah

bagage

koper

zak

tas

rugzak

ransel

gast

tamu

kamer

kamar

slaapzak

kantong turu

tent

tenda

toeristeninformatie

informasi turis

strand

pantai

kredietkaart

kertu kredit

ontbijt

sarapan

lunch

mangan awan

avondeten

mangan ing wayah bengi

ticket

tiket

lift

lift

postzegel

perangko

grens

watesan

douane

cukai

ambassade

kedutaan

visum

visa

paspoort

paspor

# transport
# angkutan

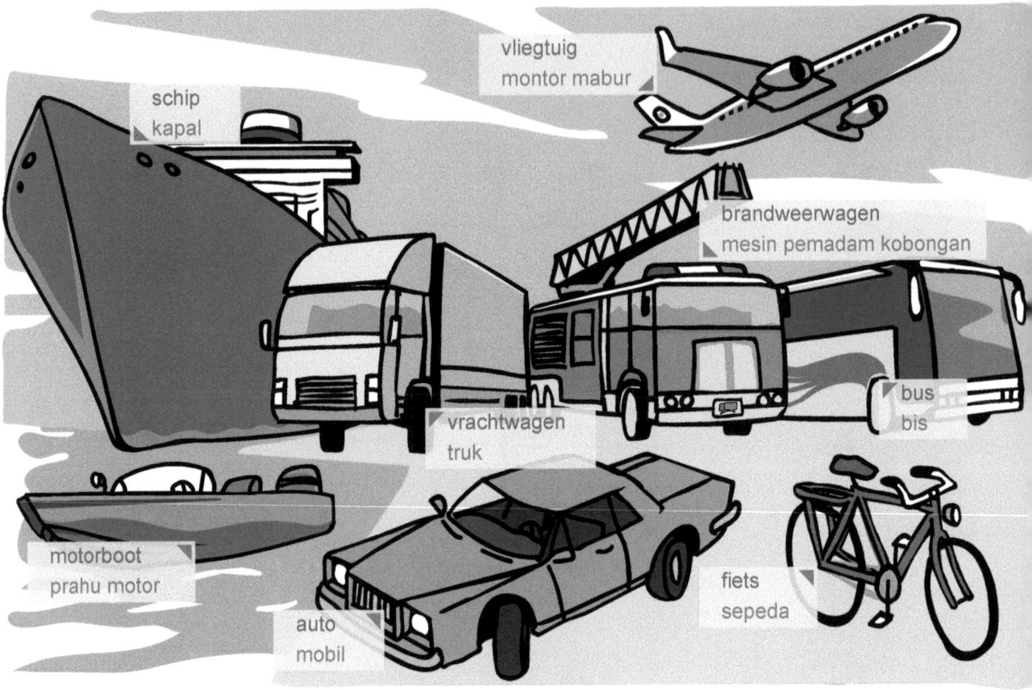
vliegtuig
montor mabur
schip
kapal
brandweerwagen
mesin pemadam kobongan
bus
bis
vrachtwagen
truk
motorboot
prahu motor
fiets
sepeda
auto
mobil

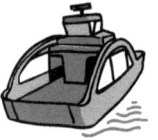

veerboot

feri

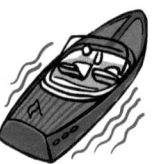

boot

perahu

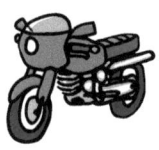

motor

sepeda motor

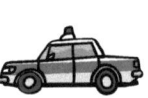

politiewagen

mobil polisi

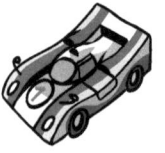

racewagen

mobil balapan

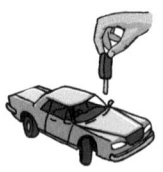

huurauto

mobil sewa

carpoolen

sewa mobil

sleepwagen

truk derek

vuilniswagen

truk resek

motor

motor

benzine

bensin

benzinestation

pom bensin

verkeersbord

tanda dalan

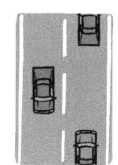

verkeer

lalu lintas

file

macet

parkeerplaats

parkir mobil

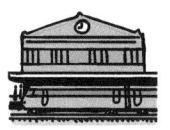

station

stasiun sepur

sporen

ril sepur

trein

sepur

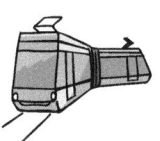

tram

tram

wagon

grobak

helikopter

helikopter

luchthaven

lapangan montor mabur

toren

menara

passagier

penumpang

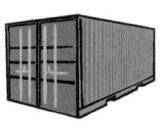

container

kontener

karton

kerdhus

kar

troli

mand

kranjang

opstijgen / landen

mabur / ndarat

## stad

## kutha

dorp

desa

stadscentrum

tengah kutha

huis

omah

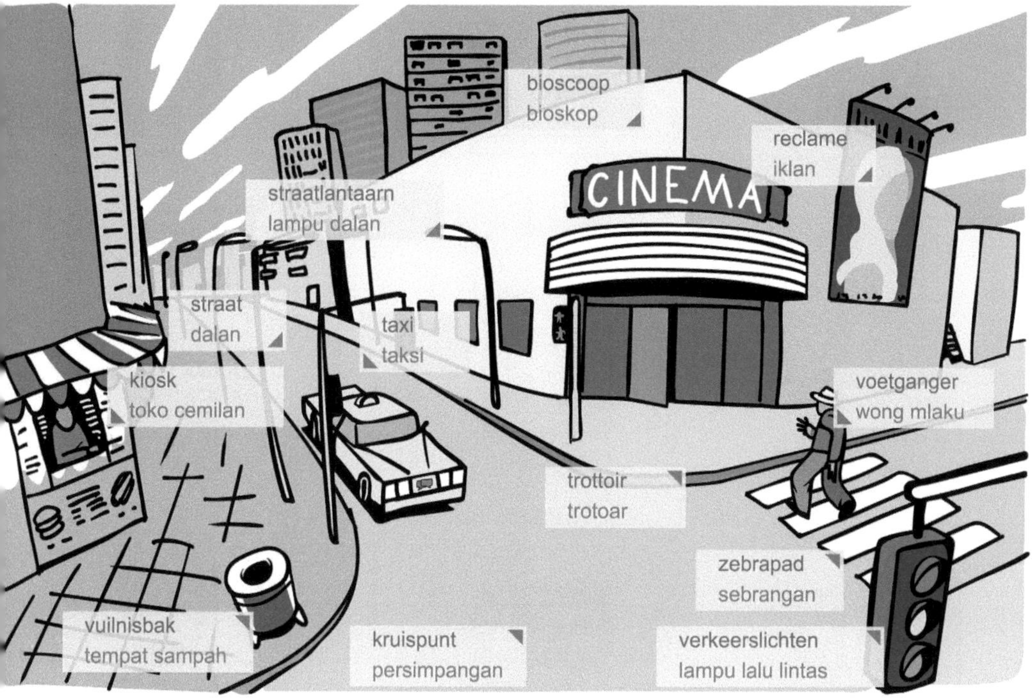

bioscoop
bioskop

reclame
iklan

straatlantaarn
lampu dalan

CINEMA

straat
dalan

taxi
taksi

voetganger
wong mlaku

kiosk
toko cemilan

trottoir
trotoar

zebrapad
sebrangan

vuilnisbak
tempat sampah

kruispunt
persimpangan

verkeerslichten
lampu lalu lintas

hut
gubuk

woning
apartemen

station
stasiun sepur

stadshuis
bale kutha

museum
museum

school
sekolahan

universiteit

universitas

bank

bank

ziekenhuis

griya sakit

hotel

hotel

apotheek

apotek

kantoor

kantor

boekwinkel

toko buku

winkel

toko

bloemenwinkel

toko kembang

supermarkt

supermarket

markt

pasar

warenhuis

toko sarwa ana

vishandelaar

toko iwak

winkelcentrum

mal

haven

pelabuhan

park
taman

bank
bangku

brug
tretek

trap
andha

metro
metro

tunnel
trowongan

bushalte
halte bis

bar
bar

restaurant
restoran

brievenbus
kotak surat

straatnaambord
pratandha dalan

parkeermeter
meteran parkir

zoo
kebon kewan

zwembad
kolam renang

moskee
masjid

boerderij

kebon

milieuverontreiniging

polusi

kerkhof

kuburan

kerk

greja

speelplaats

panggon dolanan

tempel

candi

# landschap
## lanskap

blad
godong

wegwijzer
plang

weg
dalan

weide
beran

steen
watu

boom
uwit

wandelaar
wong munggah

rivier
kali

gras
suket

bloem
kembang

vallei
lembah

heuvel
bukit

meer
tlogo

bos
alas

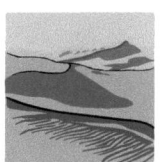

woestijn
ara-ara

vulkaan
gunung geni

kasteel
keraton

regenboog
kluwung

paddenstoel
jamur

palmboom
uwit palem

mug
lemut

vlieg
laler

mier
semut

bijl
tawon

spin
angga-angga

kever
.................
kumbang

kikker
.................
kodok

eekhoorn
.................
bajing

egel
.................
landhak

haas
.................
truwelu

uil
.................
manuk dares

vogel
.................
manut

zwaan
.................
banyak

wild zwijn
.................
celeng

hert
.................
kidang

eland
.................
menjangan

dam
.................
bendungan

windturbine
.................
turbin angin

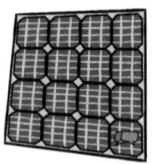

zonnepaneel
.................
panel srengenge

klimaat
.................
iklim

# restaurant
# restoran

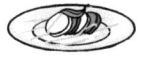

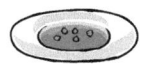

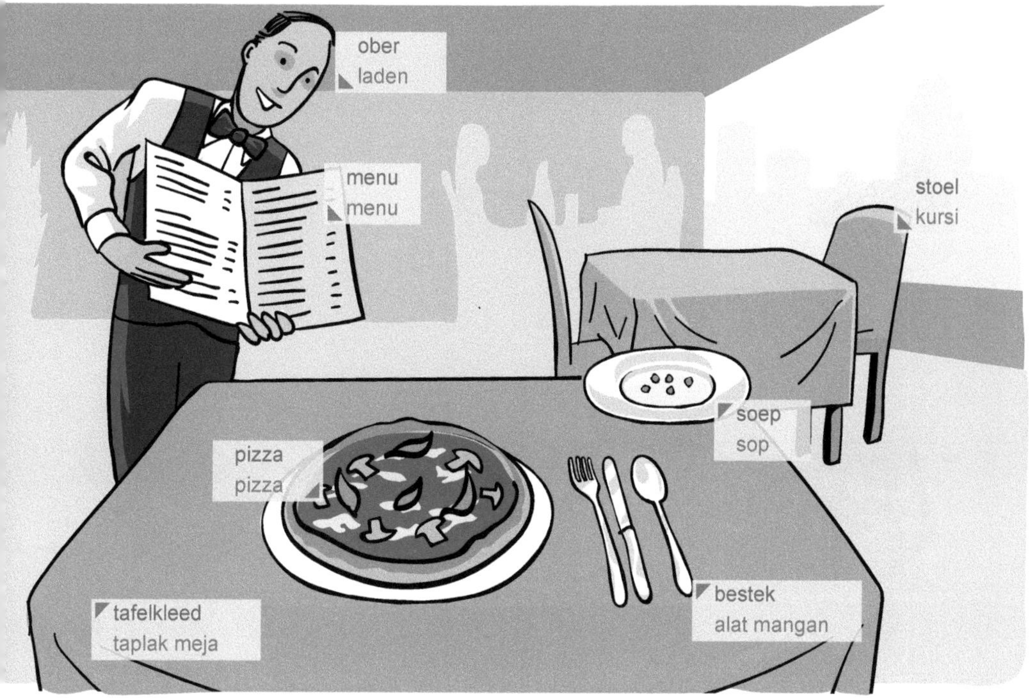
ober
laden
menu
menu
stoel
kursi
soep
sop
pizza
pizza
tafelkleed
taplak meja
bestek
alat mangan

voorgerecht

hidangan pambuka

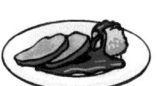

hoofdgerecht

menu utama

nagerecht

hidangan penutup

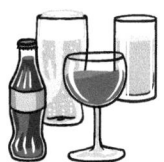

drankjes

ombenan

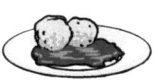

eten

panganan

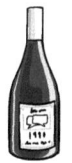

fles

gendul

fastfood
...............
panganan instan

street food
...............
jajan cemilan

theepot
...............
ceret teh

suikerpot
...............
kaleng gula

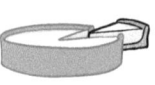

portie
...............
porsi

espressomachine
...............
mesin espresso

kinderstoel
...............
kursi duwur

rekening
...............
tagihan

dienblad
...............
baki

mes
...............
lading

vork
...............
sendok garpu

lepel
...............
sendok

theelepel
...............
sendok teh

serviette
...............
serbet

glas
...............
gelas

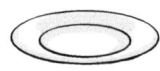

bord
piring

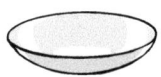

soepbord
piring sop

schoteltje
lepek

saus
duduh

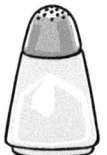

zoutvatje
gendul uyah

pepermolen
bubuk mrico

azijn
cuka

olie
lenga

kruiden
bumbon

ketchup
saos tomat

mosterd
mustar

mayonaise
mayones

# supermarkt

## supermarket

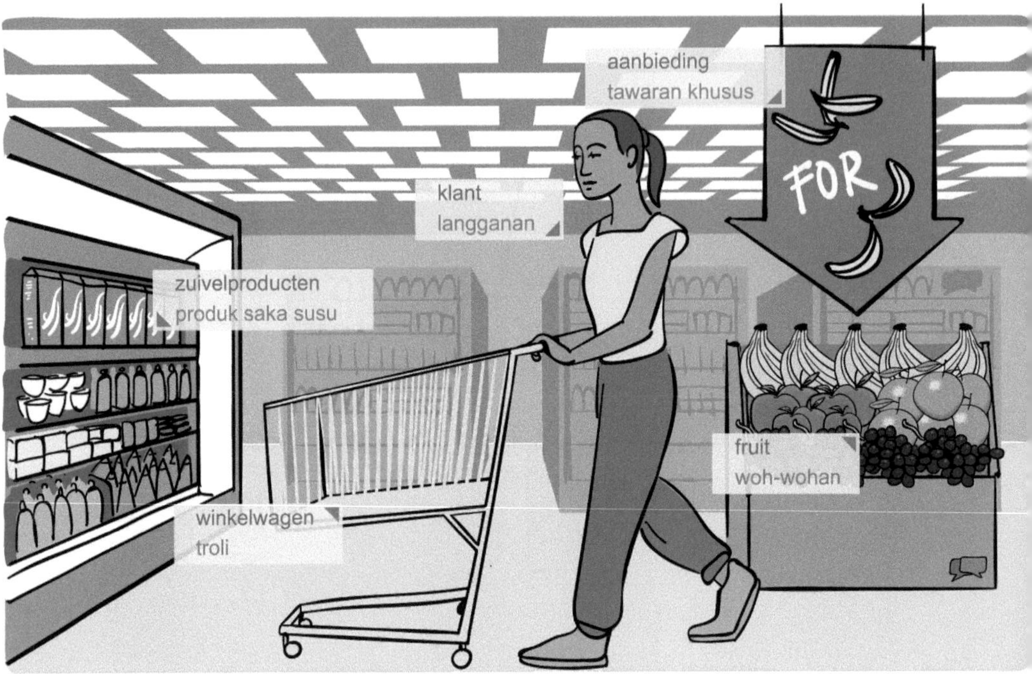

aanbieding
tawaran khusus
FOR
klant
langganan
zuivelproducten
produk saka susu
fruit
woh-wohan
winkelwagen
troli


BUTCHERS


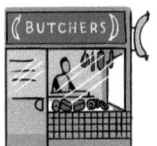

slagerij

toko daging

BAKERY

bakkerij

toko roti

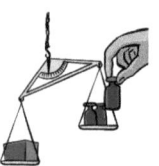

wegen

nimbang

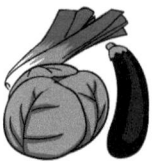

groenten

janganan

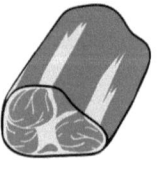

vlees

daging panggang

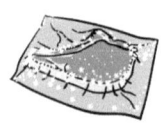

diepvriesvoedsel

panganan beku

**charcuterie**
irisan daging

**conserven**
panganan kaleng

**waspoeder**
deterjen

**snoep**
permen

**huishoudproducten**
produk reresik omah

**schoonmaakproducten**
produk reresik

**verkoopster**
bakul

**kassa**
mesin kasir

**kassier**
kasir

**boodschappenlijstje**
daftar blanja

**openingstijden**
jam buka

**portefeuille**
dompet

**kredietkaart**
kertu kredit

**tas**
tas

**plastieken zakje**
tas kresek

water

banyu

sap

jus

melk

susu

cola

ombenan kanthi karbon

wijn

anggur

bier

bir

alcohol

alkohol

cacao

coklat

thee

teh

koffie

kopi

espresso

espresso

cappuccino

cappuccino

banaan

gedhang

appel

apel

sinaasappel

jeruk

meloen

semangka

citroen

jeruk lemon

wortel

wortel

knoflook

bawang

bamboe

pring

ajuin

bawang

champignon

jamur

noten

kacang

noodles

bakmi

spaghetti

spageti

rijst

sego

salade

salad

frieten

kentang goreng

gebakken aardappelen

kentang goreng

pizza

pizza

hamburger

hamburger

sandwich

roti isi

kalfslapje

daging irisan

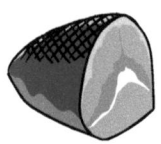

ham

daging ham

salami

salami

worst

sosis

kip

pitik

braden

daging panggang

vis

iwak

havervlokken

bubur gandum

muesli

muesli

cornflakes

sereal jagung

bloem

glepung

croissant

croissant

pistolet

roti

brood

roti

toast

roti panggang

koekjes

biskuit

boter

mertega

kwark

dadih

taart

kue

ei

endog

spiegelei

endog goreng

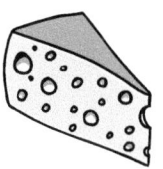

kaas

keju

ijs

es krim

suiker

gula

honing

madu

confituur

sele

choco

krim nugat

curry

kare

eten - panganan

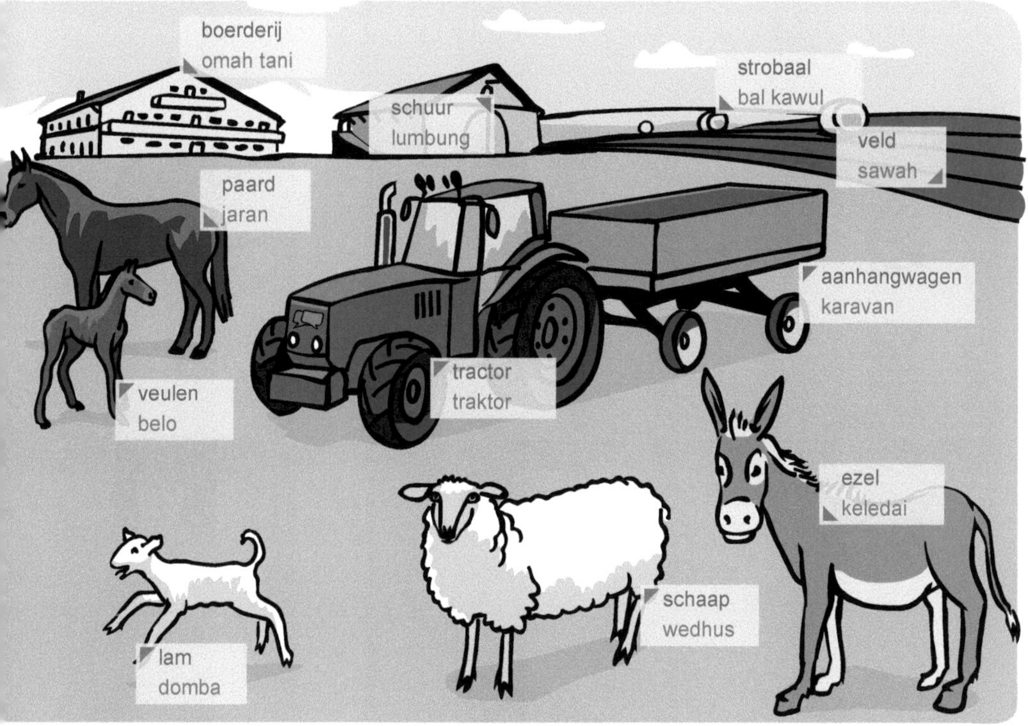

boerderij
omah tani

schuur
lumbung

strobaal
bal kawul

veld
sawah

paard
jaran

aanhangwagen
karavan

tractor
traktor

veulen
belo

ezel
keledai

schaap
wedhus

lam
domba

geit

wedhus

koe

sapi

kalf

pedhet

varken

babi

biggetje

gambluk

stier

kebo

gans
banyak

eend
bebek

kuiken
kuthuk

kip
babon

haan
jago

rat
tikus

kat
kucing

muis
tikus

os
sapi

hond
asu

hondenhok
kandang asu

tuinslang
selang

gieter
gembor

zeis
arit gede

ploeg
waluku

sikkel

arit gede

schoffel

pacul

hooivork

garu

bijl

kapak

kruiwagen

grobak surung

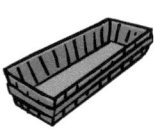

trog

wadah pakan

melkkan

kaleng susu

zak

karung

hek

pager

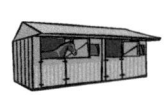

stal

kandang

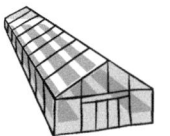

broeikas

omah kaca

bodem

lemah

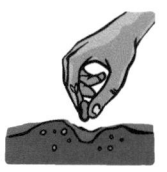

zaad

wiji

mest

rabuk

maaidorser

traktor panen

oogsten
manen

oogst
panen

yam
ubi

tarwe
gandum

soja
kedelai

aardappel
kentang

maïs
jagung

koolzaad
lobak

fruitboom
wit woh-wohan

maniok
telo

graan
sereal

# huis

# omah

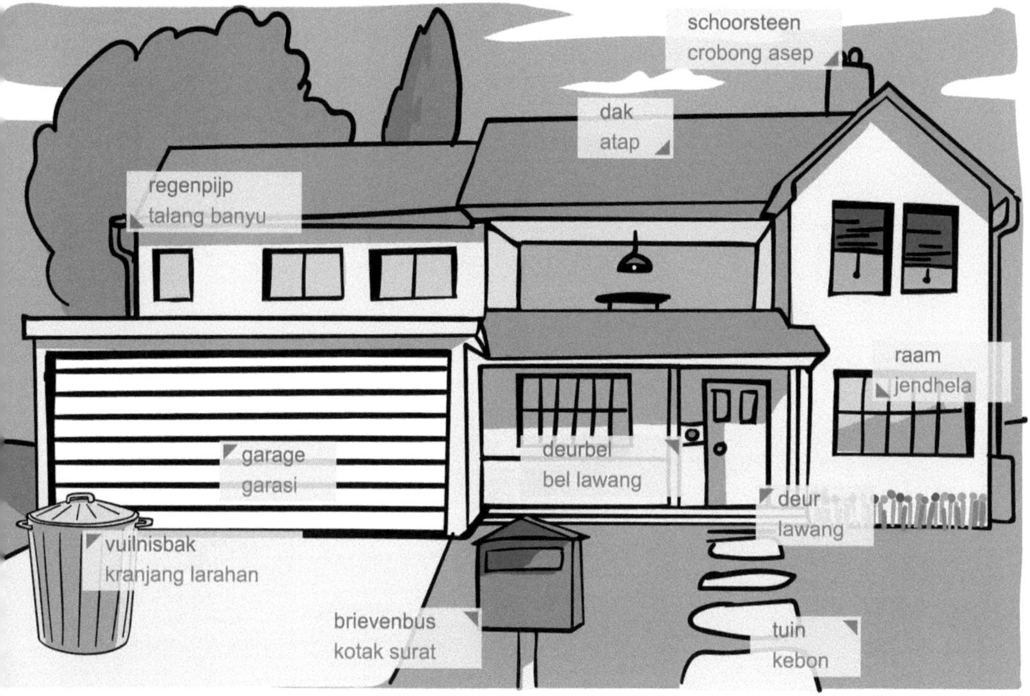
schoorsteen
crobong asep
dak
atap
regenpijp
talang banyu
raam
jendhela
garage
garasi
deurbel
bel lawang
deur
lawang
vuilnisbak
kranjang larahan
brievenbus
kotak surat
tuin
kebon

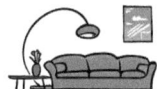

woonkamer

ruang tamu

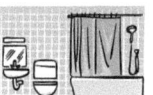

badkamer

jedhing

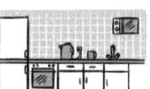

keuken

pawon

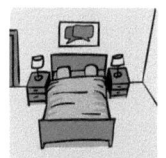

slaapkamer

kamar turu

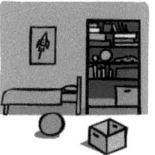

kinderkamer

kamar anak

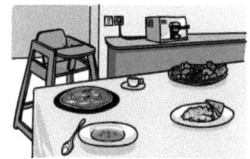

eetkamer

kamar panedhaan

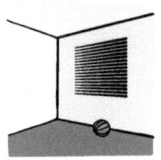

vloer

jobin

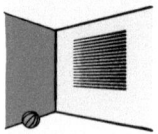

muur

tembok

plafond

pyan

kelder

gudhang ing njero lemah

sauna

sauna

balkon

balkon

terras

teras

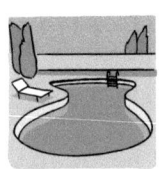

zwembad

blumbang kanggo nglangi

grasmaaier

mesin kanggo motong suket

dekbedovertrek

lembaran

dekbed

sprei

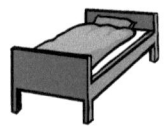

bed

dipan

bezem

sapu

emmer

ember

schakelaar

tombol

# woonkamer
# ruang tamu

behangpapier
kertas tembok
foto
gambar
lamp
lampu
schap
rak
kast
lemari
televisie
TV
open haard
perapian
bloem
kembang
kussen
bantal
sofa
sofa
vaas
vas
afstandsbediening
remot kontrol

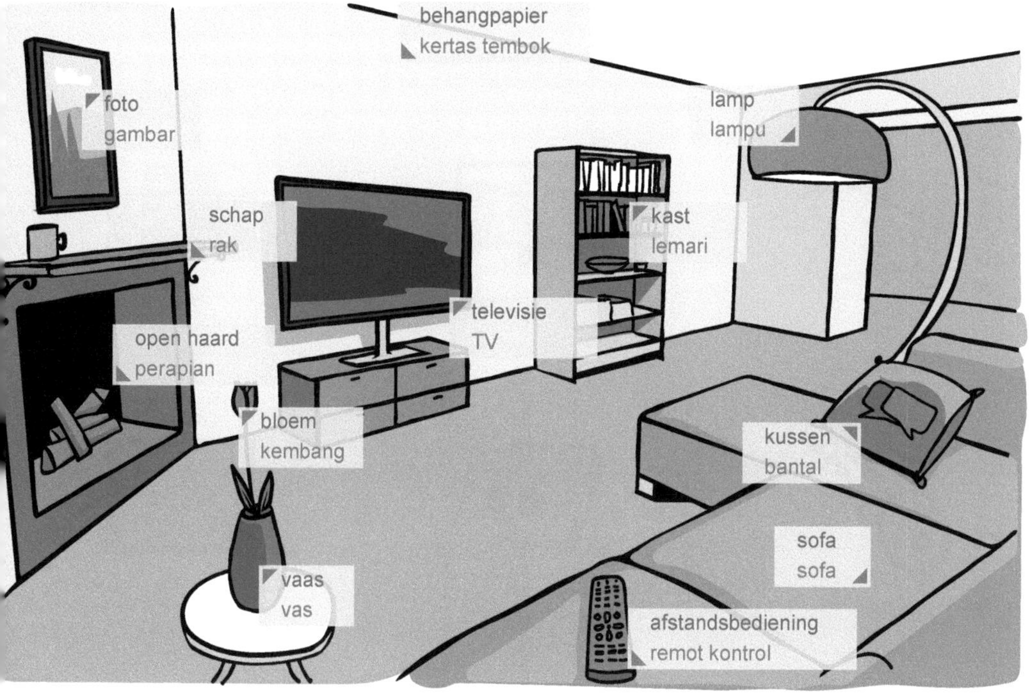

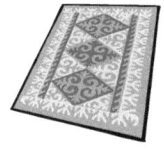

mat

karpet

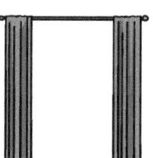

gordijn

korden

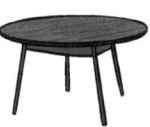

tafel

meja

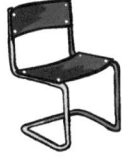

stoel

kursi

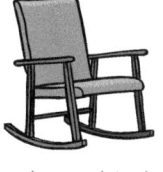

schommelstoel

kursi goyang

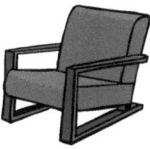

fauteuil

kursi tangan

boek

buku

deken

selimut

decoratie

dekorasi

brandhout

kayu bakar

film

film

stereo-installatie

hi-fi

sleutel

kunci

krant

koran

schilderij

lukisan

poster

poster

radio

radio

notitieboekje

buku catetan

stofzuiger

penyedot lebut

cactus

kaktus

kaars

lilin

# keuken
# pawon

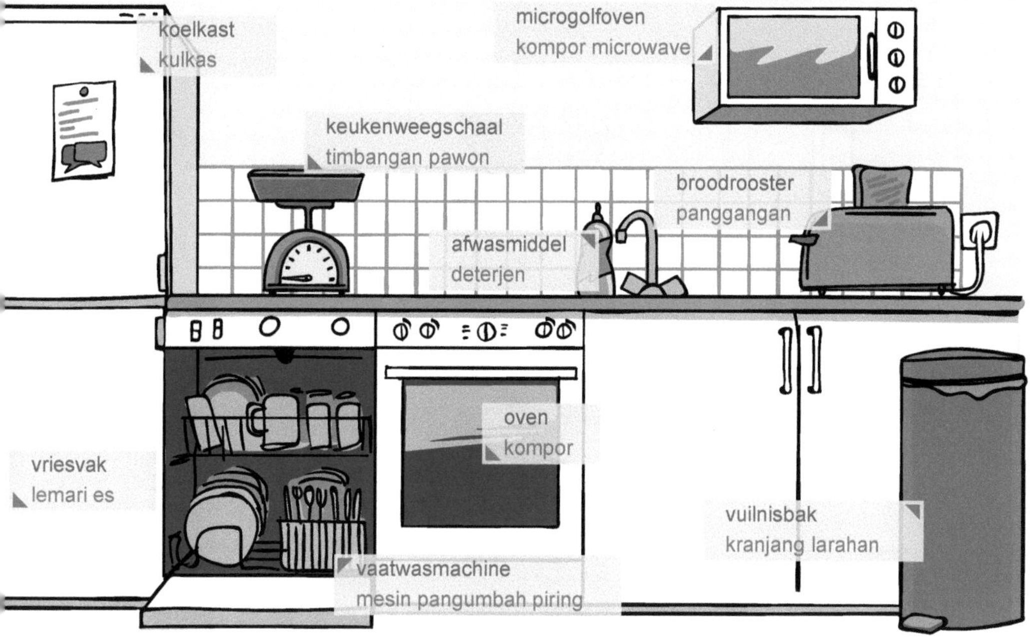
koelkast
kulkas
microgolfoven
kompor microwave
keukenweegschaal
timbangan pawon
broodrooster
panggangan
afwasmiddel
deterjen
oven
kompor
vriesvak
lemari es
vuilnisbak
kranjang larahan
vaatwasmachine
mesin pangumbah piring

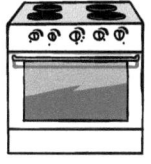

fornuis

kompor

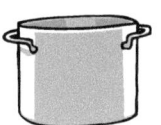

pot

panci

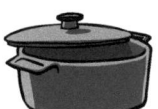

gietijzeren pot

panci wesi

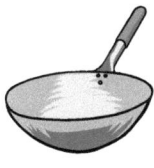

wok / kadai

wajan

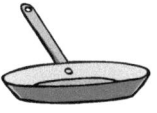

pan

wajan

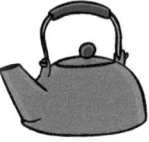

waterkoker

ceret

stoomkoker
kukusan

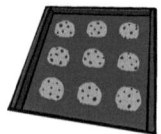

bakplaat
loyang

servies
pecah belah

mok
mug

kom
mangkok

eetstokjes
sumpit

pollepel
irus

spatel
solet

garde
udeg

vergiet
ayakan

zeef
saringan

rasp
parutan

mortier
lumpang

barbecue
panggangan

haardvuur
geni

**snijplank**
telenan

**deegrol**
gilingan adonan

**kurkentrekker**
kotrek

**blik**
kaleng

**blikopener**
bukaan kaleng

**pannenlap**
cempal

**gootsteen**
wastafel

**borstel**
sikat

**spons**
sepon

**blender**
blender

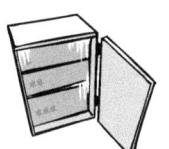

**vriezer**
kulkas

**papfles**
gendul bayi

**kraan**
kran

# badkamer
# jedhing

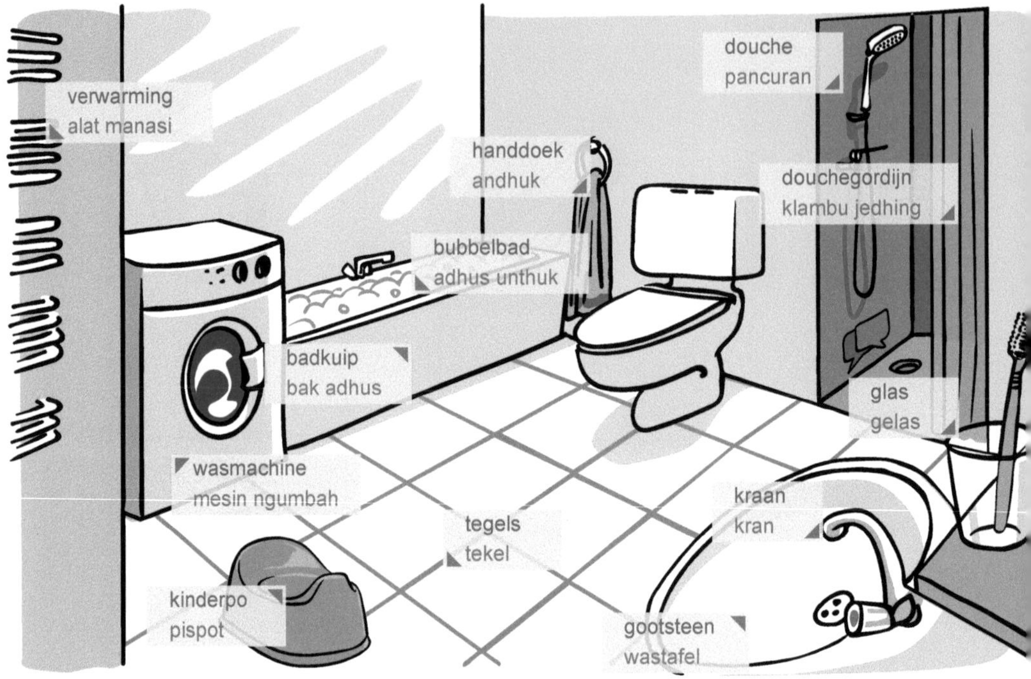

verwarming
alat manasi
douche
pancuran
handdoek
andhuk
douchegordijn
klambu jedhing
bubbelbad
adhus unthuk
badkuip
bak adhus
glas
gelas
wasmachine
mesin ngumbah
kraan
kran
tegels
tekel
kinderpo
pispot
gootsteen
wastafel


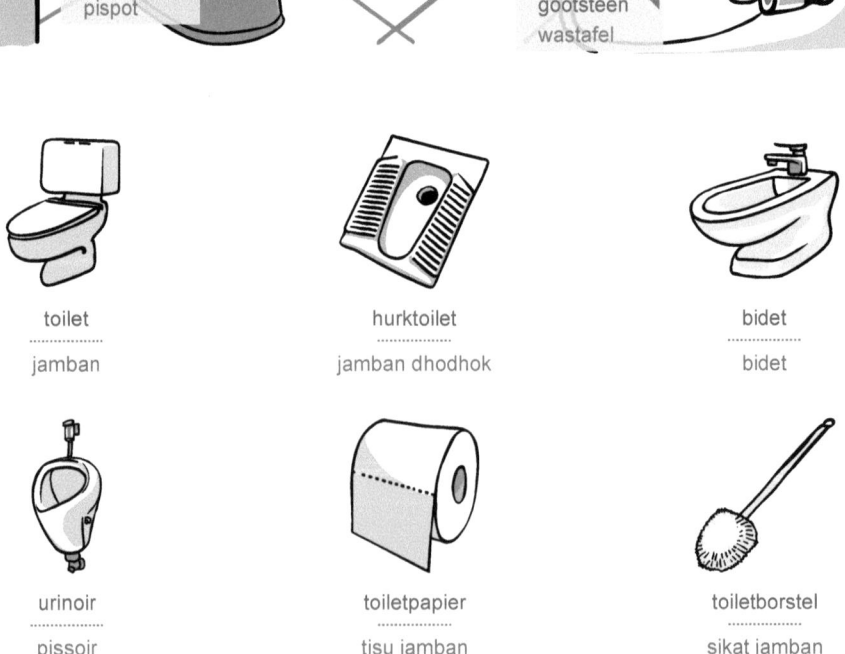

toilet
jamban

hurktoilet
jamban dhodhok

bidet
bidet

urinoir
pissoir

toiletpapier
tisu jamban

toiletborstel
sikat jamban

tandenborstel

sikat untu

tandpasta

odol

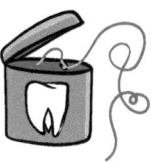

flosdraad

bolah untu

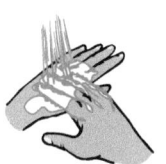

wassen

ngumbahi

handdouche

gagang shower

bidethanddouche

pancuran

waskom

baskom

rugborstel

sikat geger

zeep

sabun

douchegel

gel pancuran

shampoo

sampo

washandje

hem

afvoer

nguras

crème

krim

deodorant

deodoran

spiegel

pangilon

handspiegel

koco tangan

scheermes

silet

scheerschuim

umpluk cukur

aftershave

aftershave

kam

jungkat

borstel

sikat untu

haardroger

hairdryer

haarlak

hairspray

make-up

dandanan

lippenstift

gincu

nagellak

kuteks

watten

kapas

nagelknipper

gunting kuku

parfum

parfum

toilettas

kantong adhus

kruk

dingklik

weegschaal

timbangan

badjas

ubah kanggo sawise adhus

latex handschoenen

sarung karet

tampon

tampon

maandverband

pembalut

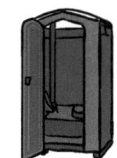

chemisch toilet

jamban nganggo bahan
kimia

# kinderkamer
# kamar anak

wekker
alarm jam
knuffel
dolanan empuk
speelgoedauto
mobil-mobilan
rammelaar
kumretek
poppenhuis
omah boneka
geschenk
hadiah

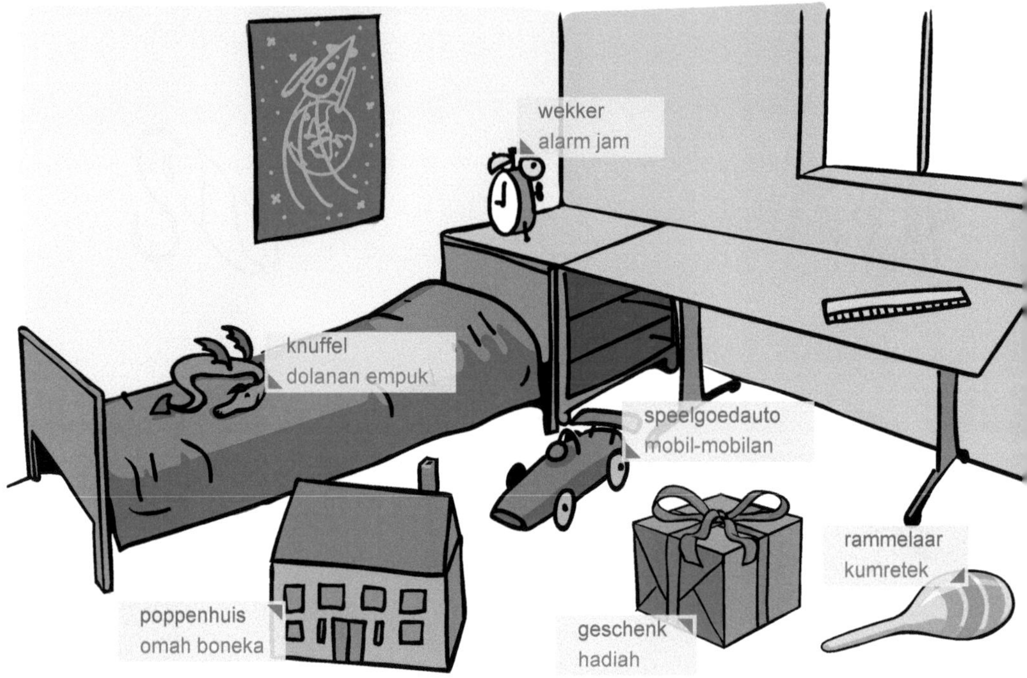

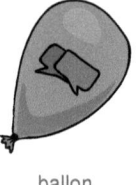

ballon

balon

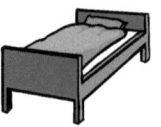

bed

dipan

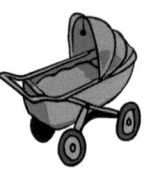

kinderwagen

kreto bayi

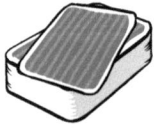

spel kaarten

meja kertu

puzzel

teka-teki

SUPER MEGA

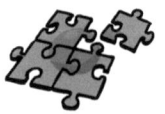

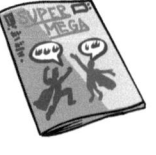

stripboek

komik

legoblokjes

bata lego

blokken

balok dolanan

actiefiguur

boneka aksi

kruippakje

klambi bayi

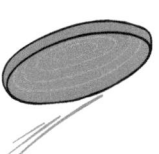

frisbee

frisbee

mobiel

dolanan gantungan

bordspel

dolanan meja

dobbelsteen

dadu

modelspoorweg

sepur dolanan

fopspeen

dot

feest

pesta

prentenboek

buku gambar

bal

bal

pop

boneka

spelen

dolanan

zandbak

panggon dolanan pasir

schommel

ayunan

speelgoed

dolanan

spelconsole

konsol video game

driewieler

sepeda roda telu

knuffelbeer

beruang teddy

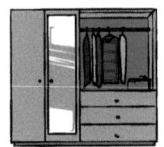

kleerkast

lemari sandhangan

## kleding
## klambi

sokken

kaos kaki

kousen

stoking

maillot

kathok singset

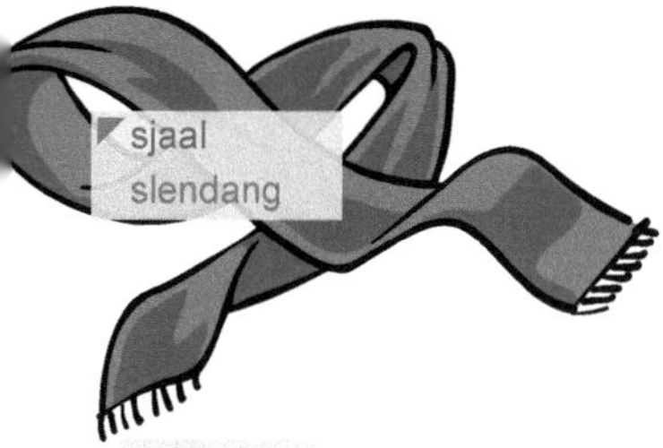

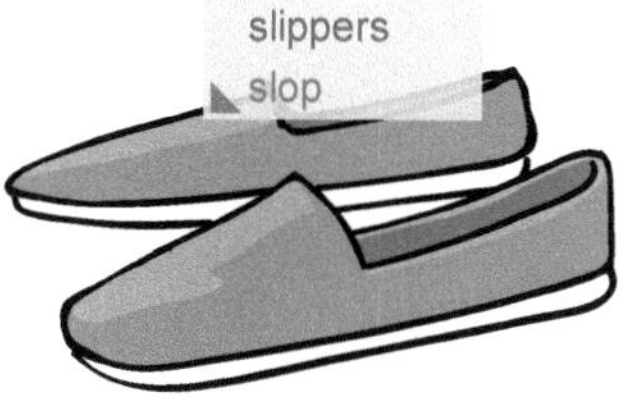

sjaal
slendang

paraplu
payung

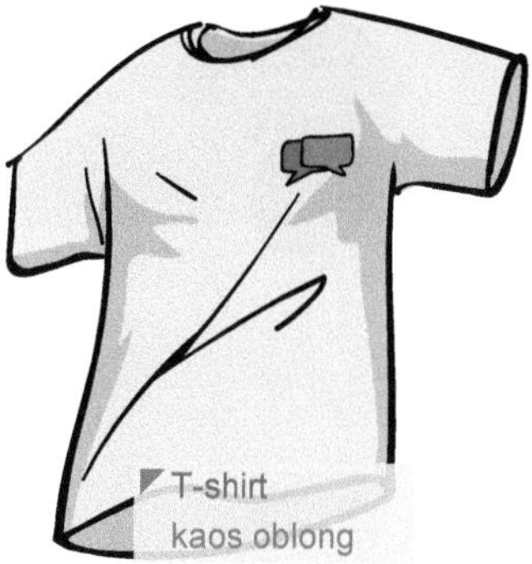

T-shirt
kaos oblong

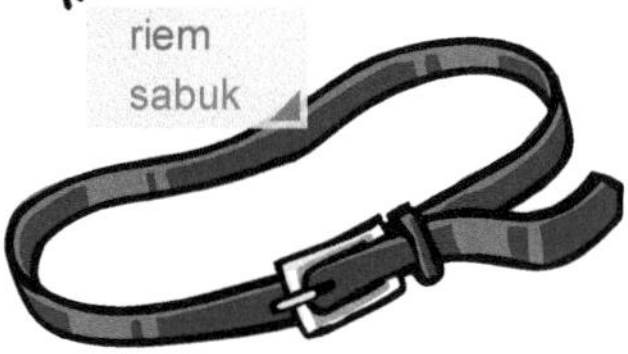

riem
sabuk

laarzen
sepatu bot

slippers
slop

sneakers
sepatu kets

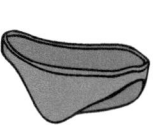

sandalen
................
sandal

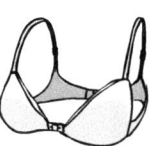

schoenen
................
sepatu

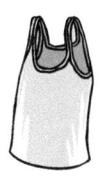

rubberlaarzen
................
sepatu bot karet

onderbroek
................
sempak

beha
................
kutang

onderhemd
................
rompi

lichaam

awak

broek

kathok

jeans

kathok jins

rok

rok

blouse

blus

hemd

klambi

trui

jaket nganggo kudung

capuchontrui

sweter

blazer

blezer

jas

jaket

jas

mantel

regenjas

jas udan

kostuum

kostum

jurk

gaun

trouwjurk

gaun manten

pak

setelan

nachthemd

klambi kanggo turu

pyjama

piyama

sari

kain sari

hoofddoek

kudung

tulband

serban

boerka

cadar

kaftan

kaftan

abaya

abaya

badpak

klambi kanggo nglangi

zwembroek

kathok renang

short

kathok cekak

trainingspak

klambi trening

schort

celemek

handschoenen

sarung tangan

knoop

benik

bril

kacamata

armband

gelang

ketting

kalung

ring

ali-ali

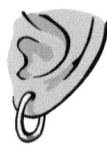

oorbel

anting-anting

pet

peci

kapstok

gantungan mantel

hoed

topi

das

dasi

rits

slerekan

helm

helem

bretellen

bretel

schooluniform

sragam sekolah

uniform

sragam

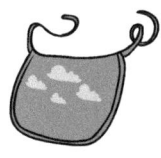

slabbetje

oto

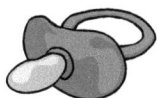

fopspeen

dot

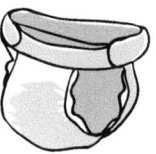

luier

popok

# kantoor

# kantor

server
server
dossierkast
lemari arsip
printer
printer
papier
dluwang
monitor
monitor
muis
mouse
bureau
meja
map
folder
toestenbord
papan tombol
papiermand
kranjang larahan
computer
komputer
stoel
kursi


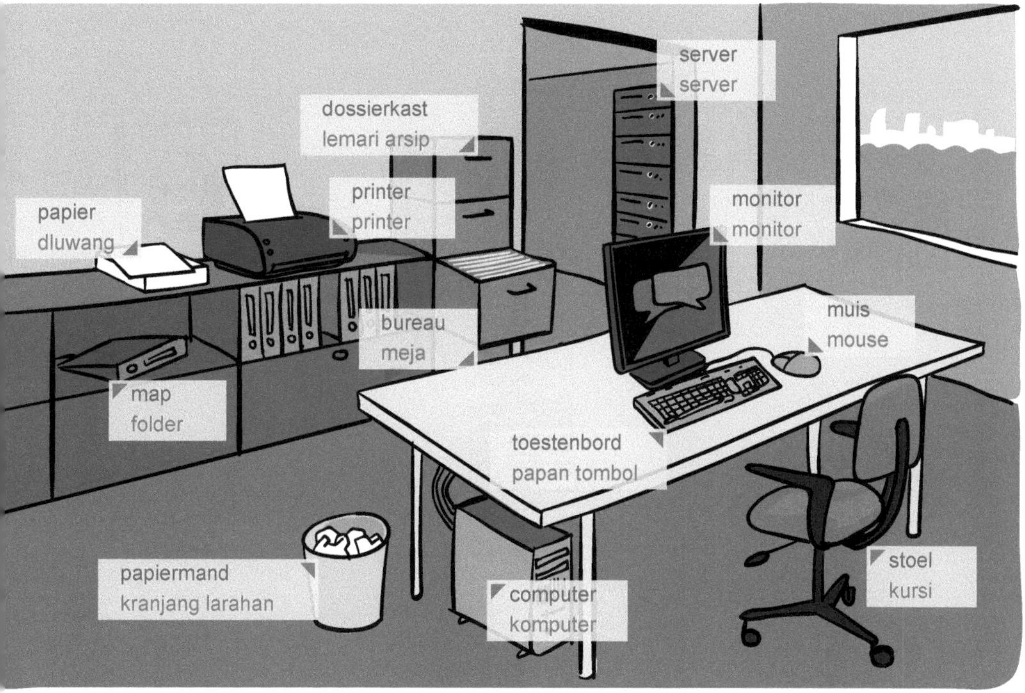

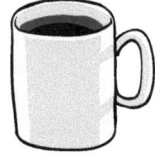

koffiemok

cangkir kopi

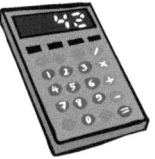

rekenmachine

kalkulator

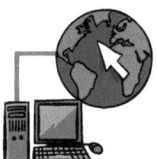

internet

internet

| | | |
|---|---|---|
|  |  |  |
| laptop | brief | bericht |
| laptop | surat | pesen |
|  |  |  |
| gsm | netwerk | kopieerapparaat |
| HP | jaringan | mesin fotokopi |
|  |  |  |
| software | telefoon | stopcontact |
| software | telpon | colokan |
| 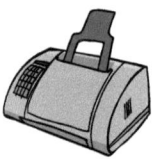 | 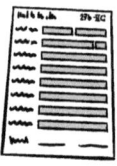 |  |
| fax | formulier | document |
| mesin faksimili | blangko | dokumen |

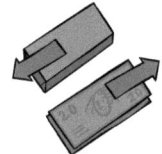

kopen
.............
tuku

betalen
.............
mbayar

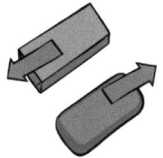

handelen
.............
bebakulan

geld
.............
duit

dollar
.............
dolar

euro
.............
euro

yen
.............
yen

roebel
.............
rubel

Zwitserse frank
.............
franc Swiss

Chinese renminbi
.............
yuan renminbi

roepie
.............
rupe

geldautomaat
.............
cash point

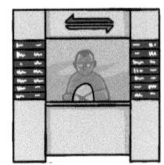

**wisselkantoor**

kantor pertukaran duit mancanegara

**goud**

emas

**zilver**

perak

**olie**

minyak

**energie**

energi

**prijs**

rego

**contract**

kontrak

**belasting**

pajek

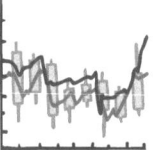

**aandeel**

saham

**werken**

kerjo

**werknemer**

pegawe

**werkgever**

juragan

**fabriek**

pabrik

**winkel**

toko

# beroepen

# gawean

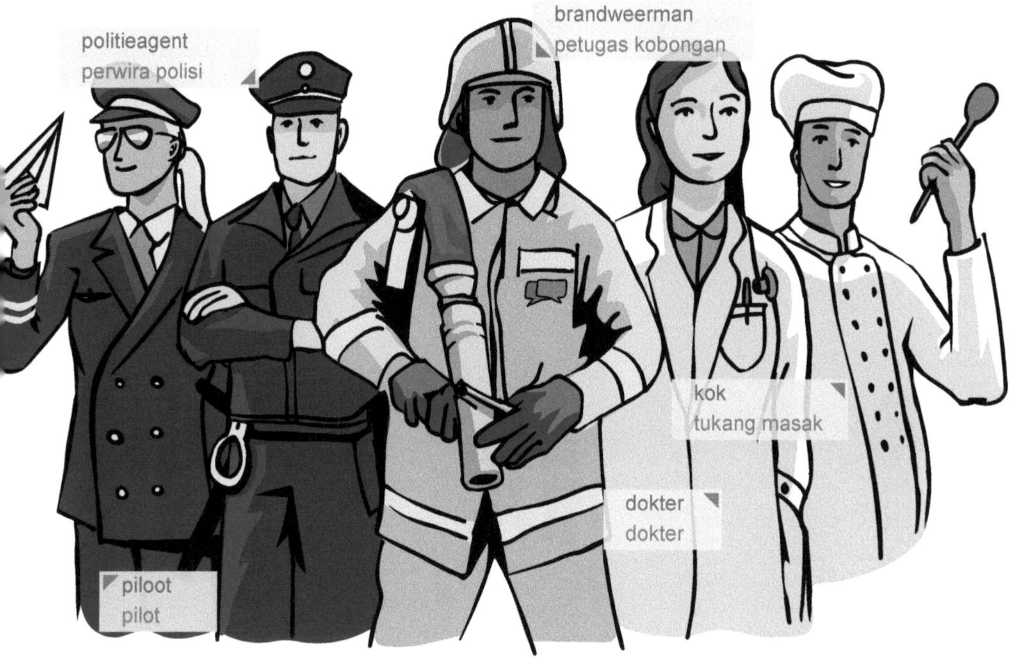

politieagent
perwira polisi
brandweerman
petugas kobongan
kok
tukang masak
dokter
dokter
piloot
pilot


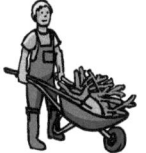

tuinman

tukang kebon

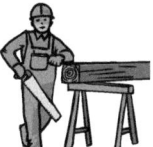

timmerman

tukang kayu

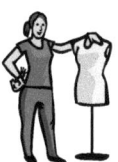

naaister

tukang jahit

rechter

hakim

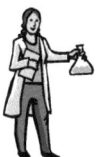

chemicus

ahli kimia

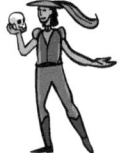

acteur

aktor

buschauffeur

sopir bis

taxichauffeur

sopir taksi

visser

nelayan

schoonmaakster

tukang reresik

dakdekker

tukang pasang gendheng

ober

laden

jager

pamburu

schilder

pelukis

bakker

tukang roti

elektricien

tukang listrik

bouwvakker

tukang mbangun

ingenieur

insinyur

slager

jagal

loodgieter

tukang ledeng

postbode

tukang pos

soldaat

tentara

architect

arsitek

kassier

kasir

bloemist

bakul kembang

kapper

juru rambut

conducteur

kondektur

mecanicien

mekanik

kapitein

kapten

tandarts

dokter untu

wetenschapper

ilmuwan

rabbijn

rabbi

imam

imam

monnik

biksu

geestelijke

pandhita

# werktuigen
## alat

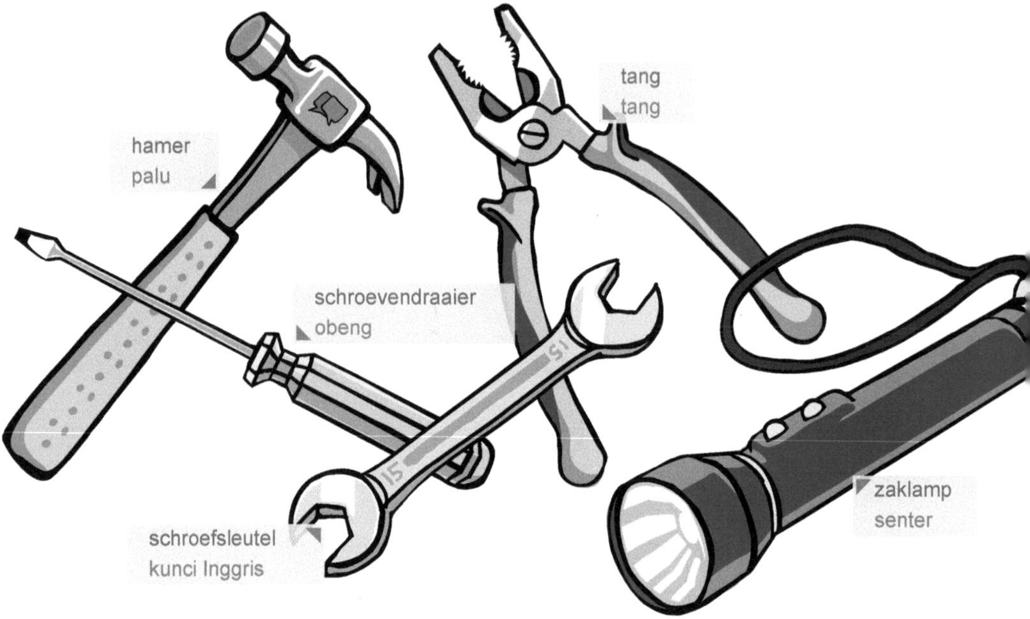
tang
tang
hamer
palu
schroevendraaier
obeng
schroefsleutel
kunci Inggris
zaklamp
senter

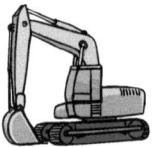

graafmachine

mesin kerukan

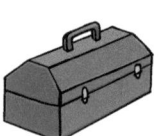

gereedschapskoffer

wadah perkakas

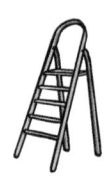

ladder

andha

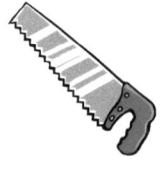

zaag

graji

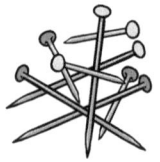

spijkers

paku

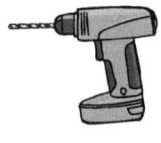

boormachine

bur

repareren
ndandani

schop
sekop

Verdomme!
Bajigur!

blik
serok

verfpot
kaleng cat

schroeven
sekrup

# muziekinstrumenten
## alat musik

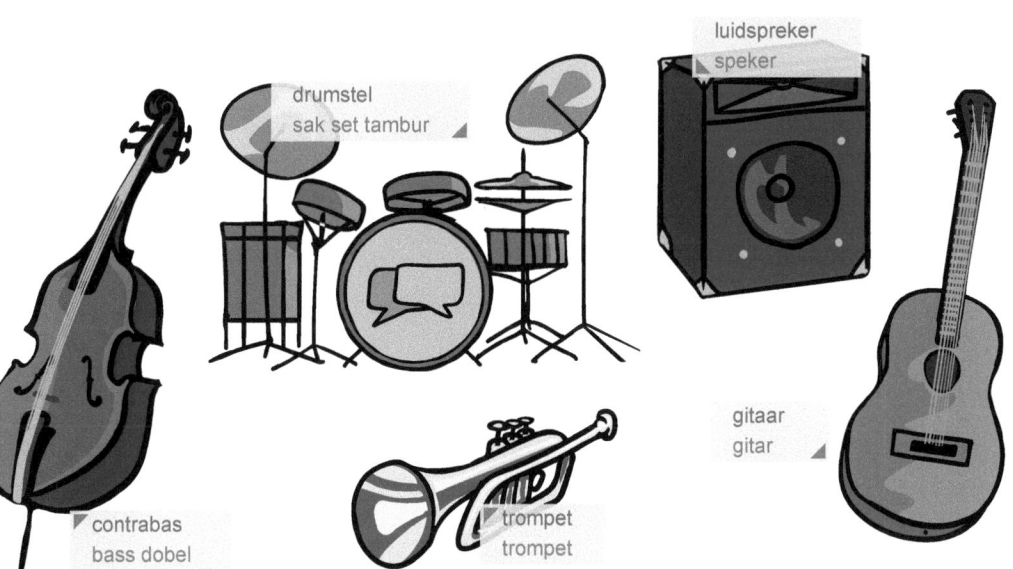

luidspreker
speker

drumstel
sak set tambur

gitaar
gitar

contrabas
bass dobel

trompet
trompet

piano

piano

viool

biola

basgitaar

bass

pauk

timpani

trommels

tambur

keyboard

keyboard

saxofoon

saksofon

fluit

suling

microfoon

mikropon

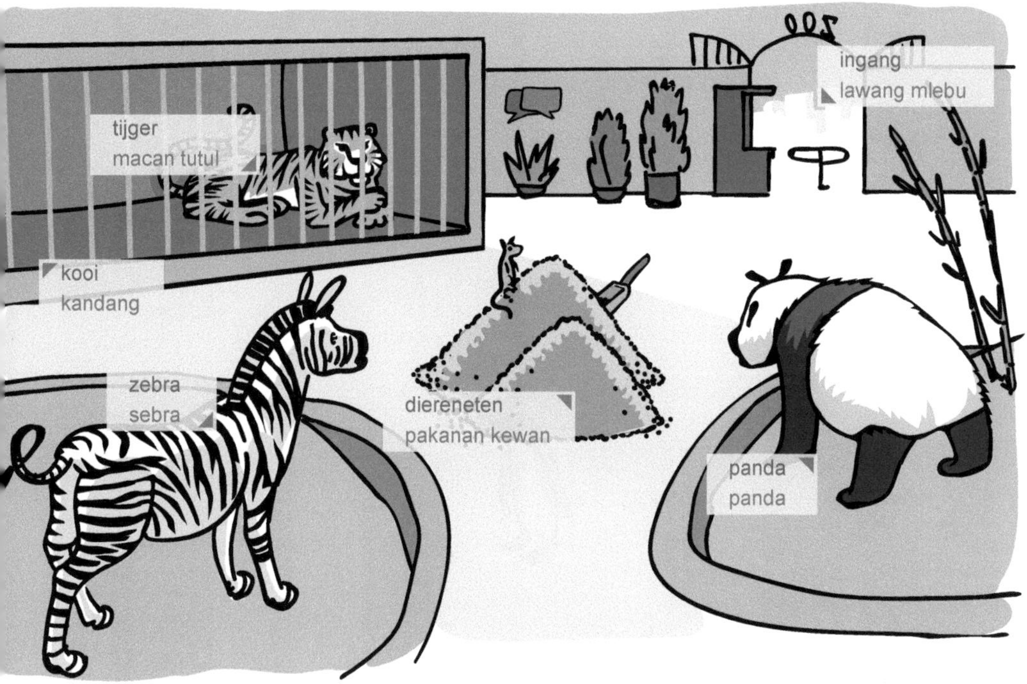

tijger
macan tutul

ingang
lawang mlebu

kooi
kandang

zebra
sebra

diereneten
pakanan kewan

panda
panda

dieren

kewan

olifant

gajah

kangoeroe

kanguru

neushoorn

badak

gorilla

gorila

beer

beruang

kameel

unta

struisvogel

manuk unta

leeuw

singa

aap

kethek

flamingo

flamingo

papegaai

bethet

ijsbeer

beruang kutub

pinguïn

pinguin

haai

hiu

pauw

merak

slang

ula

krokodil

baya

dierenverzorger

juru kunci kebon kewan

zeehond

singa segara

jaguar

jaguar

pony
jaran poni

luipaard
macan tutul

nijlpaard
kuda nil

giraffe
jrapah

adelaar
garudha

wild zwijn
celeng

vis
iwak

zeeschildpad
bulus

walrus
walrus

vos
rubah

gazelle
kidang

rugby
bal-balan Amerika

wielrennen
sepedahan

tennis
tenis

basketbal
basket

zwemmen
nglangi

boksen
tinju

ijshockey
hoki es

voetbal

bal-balan

badminton

badminton

atletiek

atletik

handbal

bal tangan

skiën

ski

polo

polo

# activiteiten
# kegiatan

lachen
ngguyu
springen
mencolot
knuffelen
ngrangkul
wandelen
mlaku
zingen
nembang
dromen
ngimpi
bidden
ndonga
kussen
ngambung


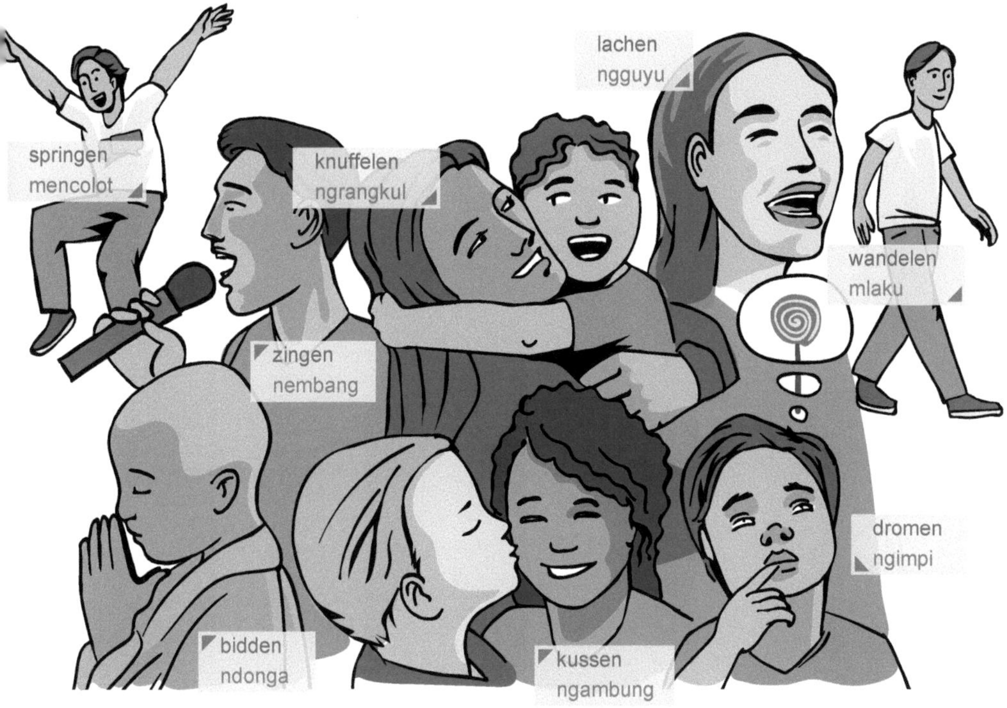

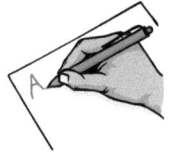

schrijven
nulis

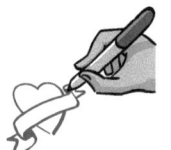

tekenen
nggambar

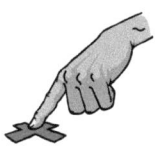

tonen
nuduhake

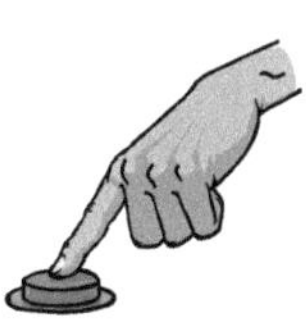

duwen
mencet

geven
menehi

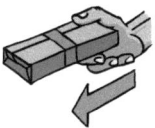

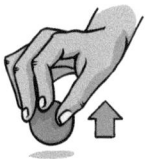

nemen
njupuk

hebben

duweni

doen

nindakake

zijn

yaiku

staan

ngadek

lopen

mlayu

trekken

narik

gooien

nguncalake

vallen

tiba

liggen

ngapusi

wachten

ngenteni

dragen

nggawa

zitten

lungguh

aankleden

klamben

slapen

turu

ontwaken

tangi

kijken naar

ndheleng

wenen

nangis

aaien

ngelus

kammen

njungkati

praten

ngomong

begrijpen

mangerteni

vragen

takon

luisteren

ngrungoake

drinken

ngombe

eten

mangan

opruimen

ngrapiake

houden van

nrisnani

koken

masak

rijden

nyopir

vliegen

mabur

zeilen

nglayar

rekenen

itung

Lezen

maca

leren

sinau

werken

kerjo

trouwen

ngrabi

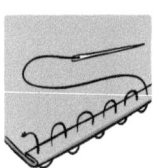

naaien

njahit

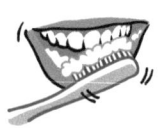

tandenpoetsen

nyikat untu

doden

mateni

roken

ngrokok

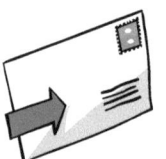

sturen

ngirim

# familie
# keluarga

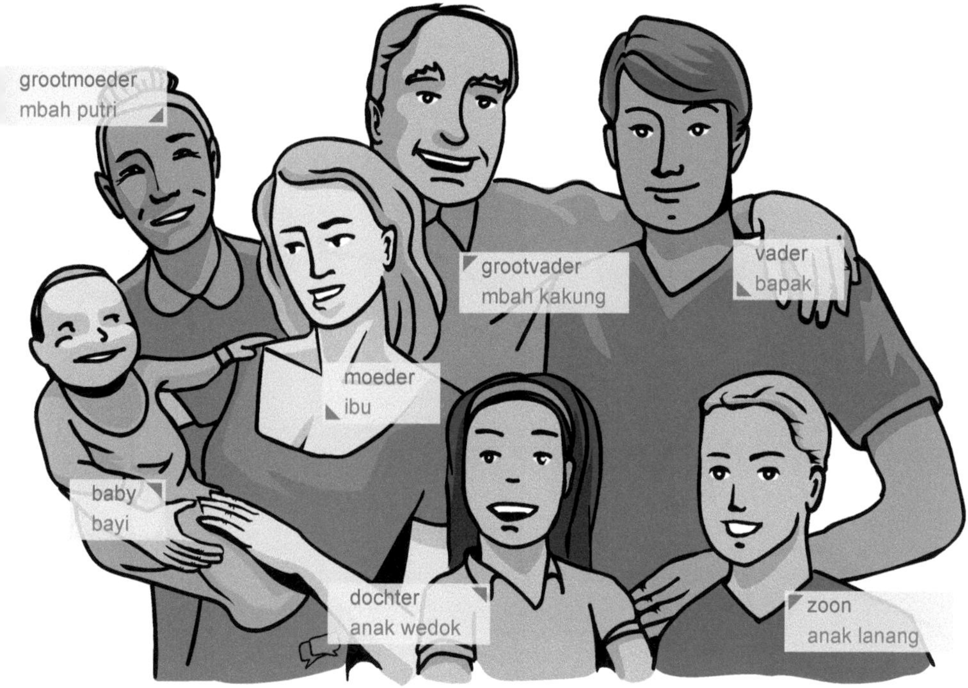

grootmoeder
mbah putri
grootvader
mbah kakung
vader
bapak
moeder
ibu
baby
bayi
dochter
anak wedok
zoon
anak lanang


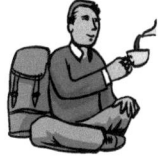

gast

tamu

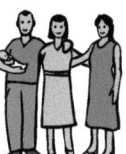

tante

bu lik

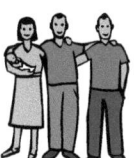

oom

pak lik

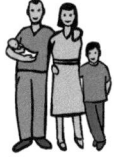

broer

dulur lanang

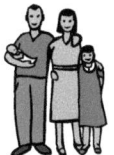

zus

dulur wadon

# lichaam
## awak

voorhoofd
bathuk
oog
mripat
schouder
pundhak
vinger
driji
gezicht
pasuryan
kin
janggut
hand
tangan
been
sikil
borst
payudara
arm
lengen


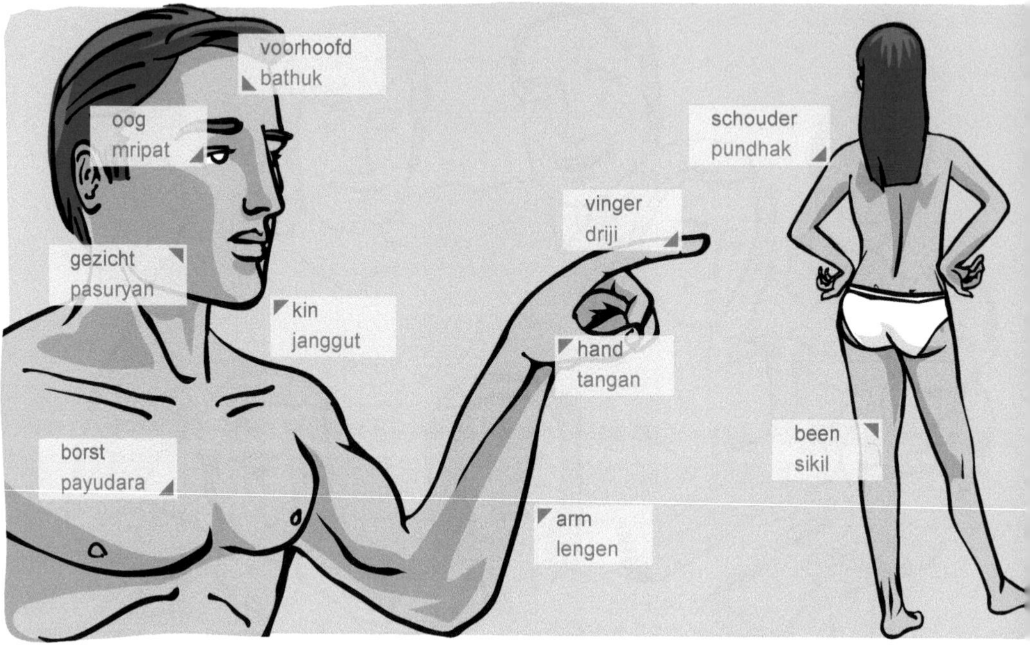

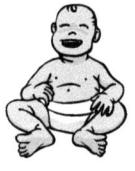

baby
bayi

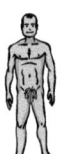

man
lanang

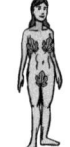

vrouw
wadon

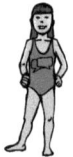

meisje
bocah wadon

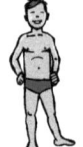

jongen
bocah lanang

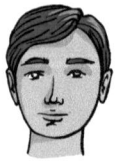

hoofd
sirah

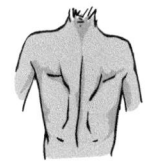

rug
geger

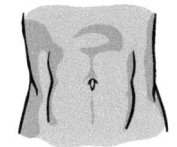

buik
weteng

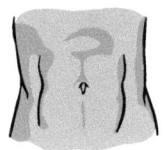

navel
puser

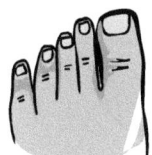

teen
driji sikil

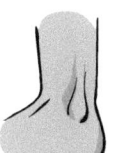

hiel
tungkak

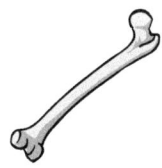

bot
balung

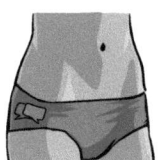

heup
panggul

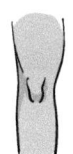

knie
dengkul

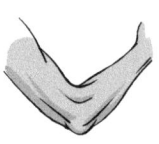

elleboog
sikut

neus
irung

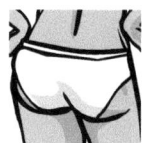

zitvlak
bokong

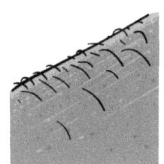

huid
kulit

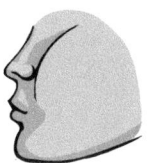

wang
pipi

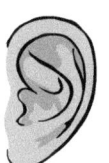

oor
kuping

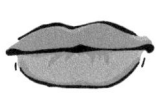

lip
lambe

mond

lisan

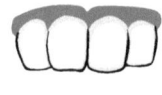

tand

untu

tong

ilat

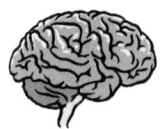

hersenen

uteg

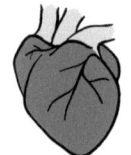

hart

jantung

spier

otot

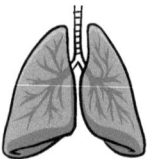

long

paru

lever

ati

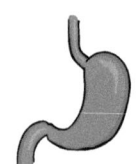

maag

garba

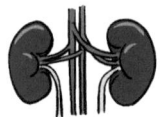

nieren

ginjel

seks

sanggama

condoom

kondom

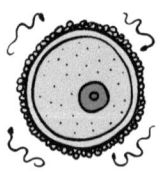

eicel

ovum

sperma

mani

zwangerschap

mbobot

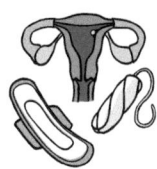

menstruatie
haid

vagina
vagina

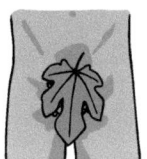

penis
zakar

wenkbrauw
alis

haar
rambut

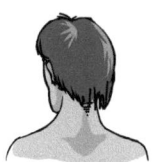

nek
gulu

# ziekenhuis
# griya sakit

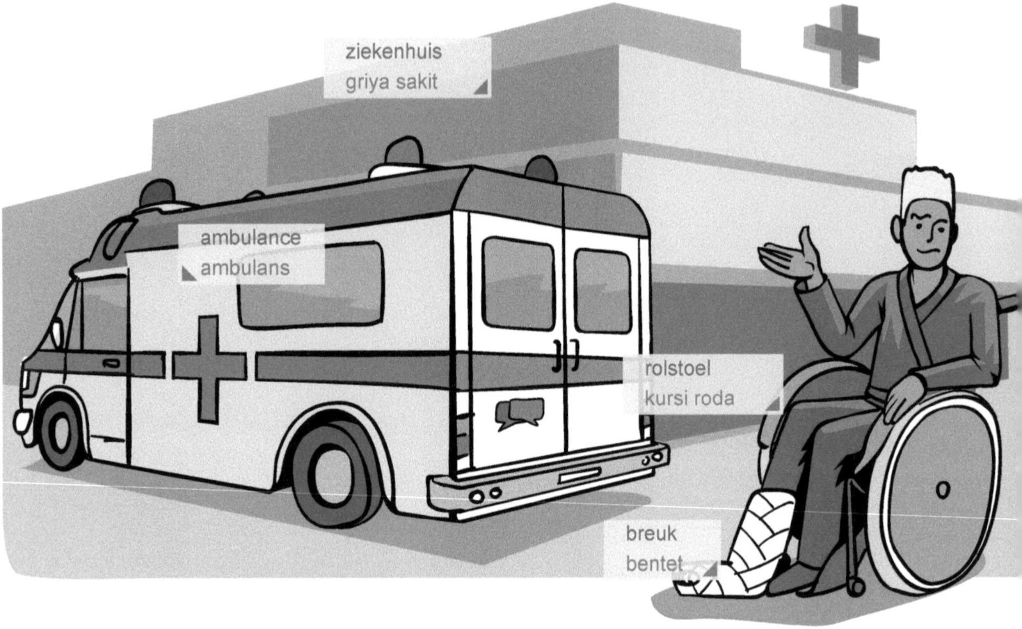

ziekenhuis
griya sakit
ambulance
ambulans
rolstoel
kursi roda
breuk
bentet

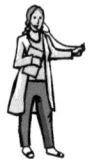

dokter
dokter

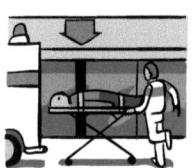

spoed
kamar gawat darurat

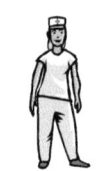

verpleegkundige
perawat

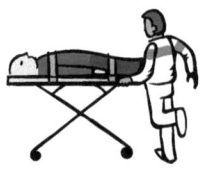

noodgeval
dharurat

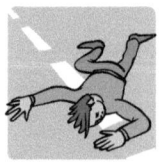

bewusteloos
ora sadar

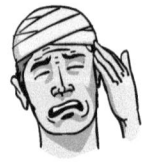

pijn
linu

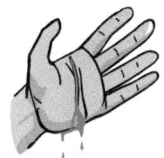

verwonding

tatu

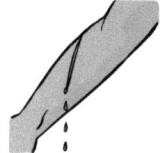

bloeding

getihen

hartaanval

serangan jantung

beroerte

setruk

allergie

alergi

hoest

watuk

koorts

ngelu

griep

pilek

diarree

diare

hoofdpijn

mumet

kanker

kanker

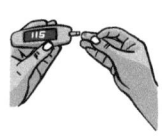

diabetes

diabetes

chirurg

ahli bedah

scalpel

lading bedah

operatie

operasi

CT
CT

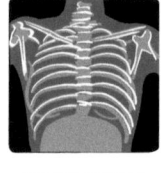

röntgenstraal
sinar x

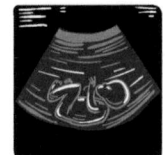

ultrageluid
USG

gezichtsmasker
masker

ziekte
penyakit

wachtkamer
kamar nunggu

kruk
pitulung

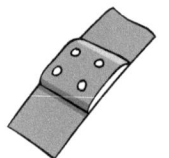

pleister
perban

verband
perban

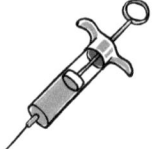

injectie
suntik

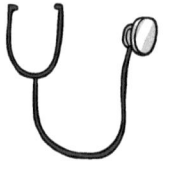

stethoscoop
stetoskop

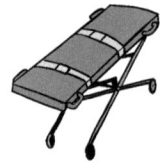

brancard
tandu

thermometer
termometer klinik

geboorte
lair

overgewicht
kalemon

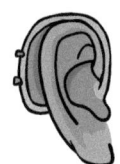

hoorapparaat

alat bantu dengar

ontsmettingsmiddel

disinfektan

infectie

infeksi

virus

virus

HIV / AIDS

HIV/AIDS

medicijn

obat

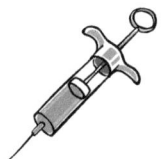

vaccinatie

vaksinasi

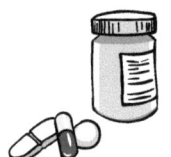

tabletten

tablet

pil

pil

noodoproep

nomer telpon darurat

bloeddrukmeter

ngukur tensi getih

ziek / gezond

lara / waras

Help!

Tulung!

alarm

alarem

overval

sergap

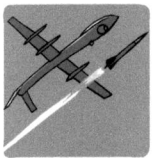

aanval

serangan

gevaar

bebaya

nooduitgang

lawang metu dharurat

Brand!

Kobongan!

brandblusser

alat mateni geni

ongeval

kacilakan

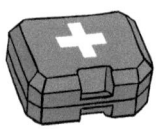

EHBO-kit

pitulungan wiwitan

SOS

SOS

politie

polisi

Europa

Eropa

Noord-Amerika

Amerika Lor

Zuid-Amerika

Amerika Kidul

Afrika

Afrika

Azië

Asia

Australië

Australia

Atlantische Oceaan

Atlantik

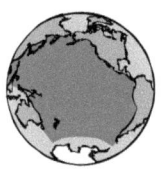

Stille Oceaan

Pasifik

Indische Oceaan

Samudra Hindia

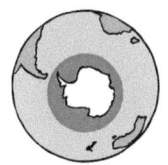

Antarctische Oceaan

Samudra Antartika

Arctische Oceaan

Samudra Arktik

Noordpool

Kutub Lor

Zuidpool

Kutup Kidul

Antarctica

Antarktika

aarde

bumi

land

daratan

zee

segara

eiland

pulau

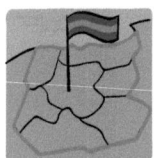

natie

bangsa

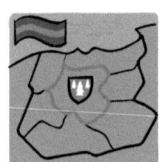

staat

negara

wijzerplaat

layar jam

uurwijzer

dom jam

minuutwijzer

dom menit

secondewijzer

dom detik

Hoe laat is het?

Jam piro saiki?

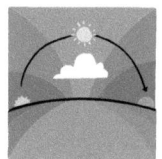

dag

dina

tijd

wektu

nu

saiki

digitale horloge

jam digital

minuut

menit

uur

jam

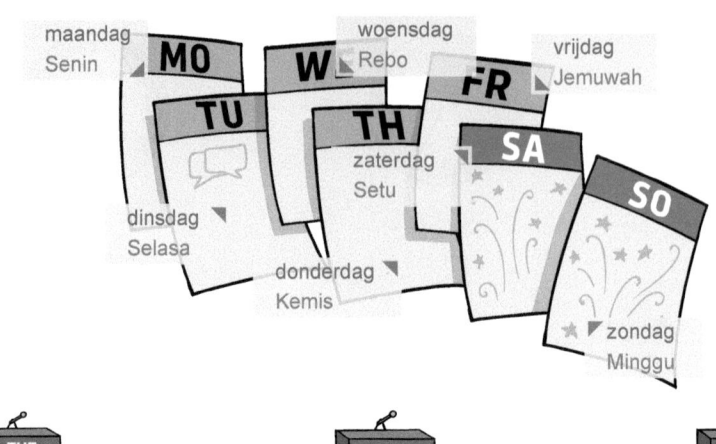

maandag
Senin

woensdag
Rebo

vrijdag
Jemuwah

dinsdag
Selasa

zaterdag
Setu

donderdag
Kemis

zondag
Minggu

gisteren

wingi

vandaag

saiki

morgen

sesuk

ochtend

esuk

middag

awan

avond

bengi

| MO | TU | WE | TH | FR | SA | SU |
|----|----|----|----|----|----|----|
| 1 | 2 | 3 | 4 | 5 | 6 | 7 |
| 8 | 9 | 10 | 11 | 12 | 13 | 14 |
| 15 | 16 | 17 | 18 | 19 | 20 | 21 |
| 22 | 23 | 24 | 25 | 26 | 27 | 28 |
| 29 | 30 | 31 | 1 | 2 | 3 | 4 |

werkdagen

dina kerja

| MO | TU | WE | TH | FR | SA | SU |
|----|----|----|----|----|----|----|
| 1 | 2 | 3 | 4 | 5 | 6 | 7 |
| 8 | 9 | 10 | 11 | 12 | 13 | 14 |
| 15 | 16 | 17 | 18 | 19 | 20 | 21 |
| 22 | 23 | 24 | 25 | 26 | 27 | 28 |
| 29 | 30 | 31 | 1 | 2 | 3 | 4 |

weekend

akhir minggu

# jaar
# tahun

regen
udan es
regenboog
kluwung
wind
angin
sneeuw
salju
lente
musim semi
herfst
mangsa gugur
zomer
musim ketigo
winter
mangsa adem

4.APRIL 11°
5.APRIL 4°
6.APRIL 13°
7.APRIL 8°
8.APRIL 10°

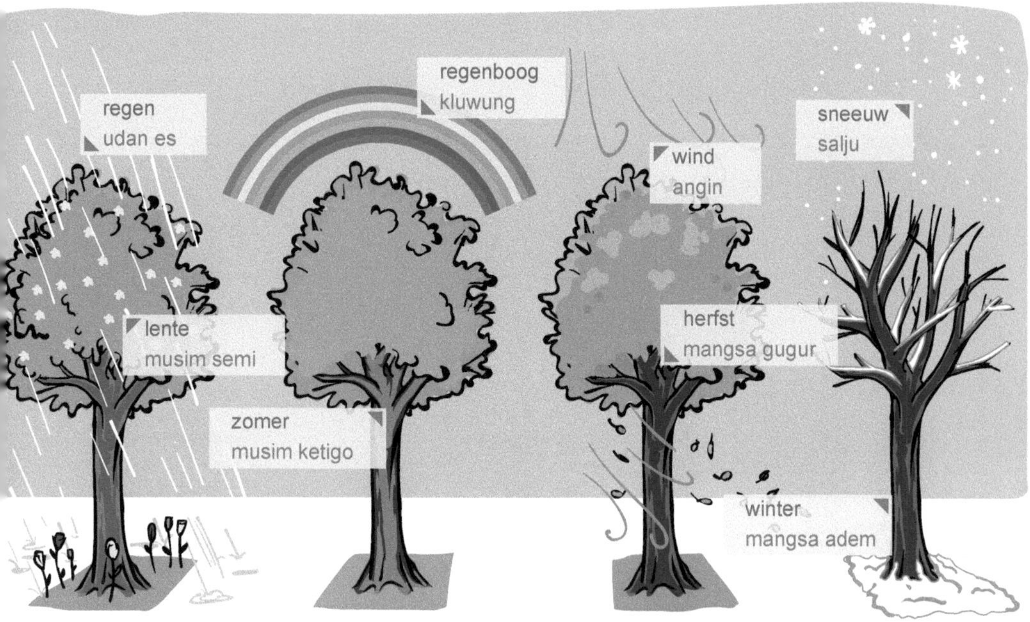

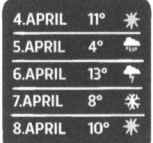

weervoorspelling
ramalan cuaca

F
C
120
90
60
30
0
-30
40
30
20
10
0
-10
-20

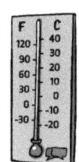

thermometer
termometer

zonneschijn
srengenge

wolk
mendhung

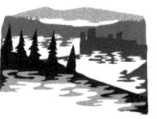

mist
kabut

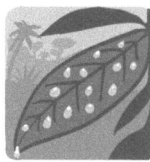

vochtigheid
kelembapan

bliksem
kilat

donder
bledheg

storm
badai

hagel
udan es

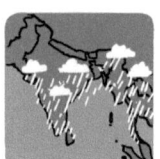

moesson
muson

overstroming
banjir

ijs
es

januari
Januari

februari
Februari

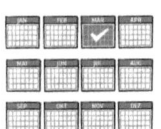

maart
Maret

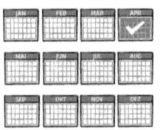

april
April

mei
Mei

juni
Juni

juli
Juli

augustus
Agustus

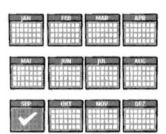

september
.................
September

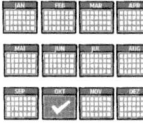

oktober
.................
Oktober

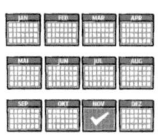

november
.................
Nopember

december
.................
Desember

## vormen
## wangun

cirkel
.................
bunder

kwadraat
.................
kuadrat

rechthoek
.................
segi papat

driehoek
.................
segi telu

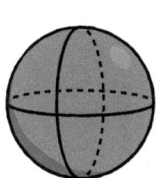

bol
.................
bal

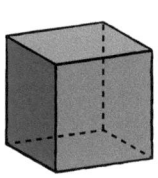

kubus
.................
kubus

wit

putih

geel

kuning

oranje

oranye

roze

jambon

rood

abang

paars

ungu

blauw

biru

groen

ijo

bruin

coklat

grijs

abu-abu

zwart

ireng

veel / weinig

akeh / sithik

boos / kalm

nesu / kalem

mooi / lelijk

ayu / elek

begin / einde

pawitan / pungkasan

groot / klein

gede / cilik

licht / donker

padhang / peteng

broer / zus

sedulur lanang / sedulur wadon

proper / vuil

resik / reged

volledig / onvolledig

pepak / ora pepak

dag / nacht

awan / bengi

dood / levend

mati / urip

breed / smal

jembar / sempit

eetbaar / oneetbaar

iso dipangan / ora iso dipangan

kwaadaardig / vriendelijk

ala / becik

opgewonden / verveeld

seneng / bosen

dik / dun

lemu / kuru

eerst / laatst

pisanan / pungkasan

vriend / vijand

kanca / musuh

vol / leeg

kebak / kosong

hard / zacht

atos / empuk

zwaar / licht

abot / enteng

honger / dorst

luwe / wareg

ziek / gezond

lara / waras

illegaal / legaal

illegal / legal

intelligent / dom

pinter / bodo

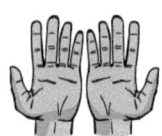

links / rechts

kiwa / tengen

dichtbij / veraf

cedhak / adoh

nieuw / gebruikt

anyar / lawas

niets / iets

ora ana / ana

oud / jong

tuwa / enom

aan / uit

urip / mati

open / dicht

buka / tutup

stil / luid

anteng / rame

rijk / arm

sugeh / mlarat

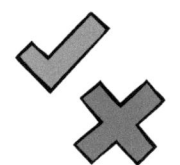

juist / fout

bener / salah

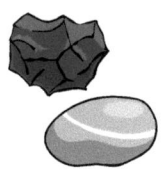

ruw / glad

kasar / alus

droevig / blij

susah / seneng

kort / lang

cendhak / dawa

traag / snel

alon / banter

nat / droog

teles / garing

warm / koud

anget / adem

oorlog / vrede

perang / tentrem

**0**

nul

nol

**1**

één

siji

**2**

twee

loro

**3**

drie

telu

**4**

vier

papat

**5**

vijf

limo

**6**

zes

enem

**7**

zeven

pitu

**8**

acht

wolu

**9**

negen

songo

**10**

tien

sepuluh

**11**

elf

sewelas

**12**

twaalf

rolas

**13**

dertien

telulas

**14**

veertien

patbelas

**15**

vijftien

limolas

**16**

zestien

nembelas

**17**

zeventien

pitulas

**18**

achtien

wolulas

**19**

negentien

songolas

**20**

twintig

rong puluh

**100**

honderd

satus

**1.000**

duizend

sewu

**1.000.000**

miljoen

sak yuto

Engels

basa Inggris

Amerikaans Engels

basa Inggris Amerika

Chinees (Mandarijn)

basa Cina Mandarin

Hindi

basa Hindi

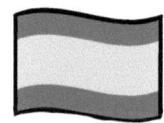

Spaans

basa Spanyol

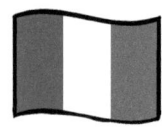

Frans

basa Prancis

Arabisch

basa Arab

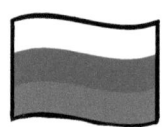

Russisch

basa Rusia

Portugees

basa Portugis

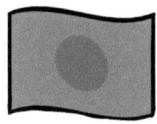

Bengali

basa Bengali

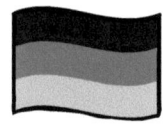

Duits

basa Jerman

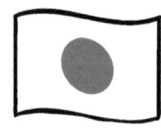

Japans

basa Jepang

ik

aku

u

kowe

hij / zij / het

dheweke

wij

kita

u

kowe kabeh

ze

dheweke kabeh

wie?

sapa?

wat?

apa?

hoe?

piye?

waar?

neng endi?

wanneer?

kapan?

naam

jeneng

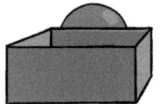

achter

mburi

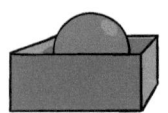

in

ing jero

voor

ing ngarep

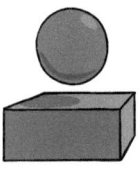

boven

ing dhuwure

op

ing

onder

ing ngisore

naast

sisih

tussen

antarane

plaats

panggonan